누가 두꺼비집을 내려놨나

누가 두꺼비집을 내려놨나

장경린

민음의 시 21

민음사

自序

진달래가 만발한 산을 오르고 있었다. 배낭에 돼지고기 두 근과 마늘을 넣고. 노동하던 세상으로부터 한 발만 벗어나도 좋아서 저렇게 지랄들이다. 이름 없는 산을 오르고 있었다. 이름이 없는 것이 아니라 이름을 붙여 줄 만한 여유가 우리에게 없었던 것이 겠지. 내 인생에 붙여진 이름 석 자를 껌 종이에 싸서 버릴 때 나는 보았다. 산모퉁이 저쪽, 각목을 든 사내들과 온몸으로 버팅기며 끌려가는 누런 개를. 그 눈빛.

시가 유용한 것은 시의 무용성 때문이라는 사실이 각목을 들고 나를 질질 끌며 이곳까지 왔나 보다.

1989년 5월
장경린

차례

自序

허리 운동　11
누가 두꺼비집을 내려놨나　12
인물화　16
후암동　18
간접 프리킥　20
말갈족　22
신세계에서　23
팝콘　24
이반 데니소비치의 하루　26
라면은 퉁퉁　28
정월　29
동치미 국물　30
色色　32
청계천 6가　33
낮은 곳에서 더욱 낮은 곳으로　34
난중일기 1　38
난중일기 2　42
난중일기 3　43
난중일기 4　44

난중일기 5   48

난중일기 6   49

것과 같은 것이다   51

방정식   52

파장   53

유리 동물원   54

이두박근   56

봄봄무슨봄   57

속옷   58

독신   60

야근   61

삐뚤삐뚤삐뚤   62

위로 아래로   63

있고 없고   64

헉헉헉   65

GNP   66

길   67

뱀   68

자화상   69

목질   70

행진   72

10월 4일   73

난장이가 쏘아 올린 작은 공　75

시인　76

풍광의 나날들　77

족발　78

내게 강 같은 평화　80

남방 한계선 3　81

자오선　82

골고다의 언덕　84

남방 한계선 1　86

남방 한계선 2　88

나는要　89

웬일일까　90

복자수녀회관 입구　92

고향의 봄　93

발톱　94

병휴　96

무인도　98

작품 해설 / 김주연
왜곡된 역사와 자아　99

허리 운동

이 얼 싼 쓰
우 류 치 빠
명동 2가 83번지 화교 소학교
열 살 남짓
스무 명 남짓한 아이들이
앞으로 굽혔다가
뒤로 젖혔다가
허리 운동을 합니다
뽀얀 모래 먼지 이는 운동장
담장을 타고 넘는
이 얼 싼 쓰
우 류 치 빠
조국은 크고 머나먼 나라
굽혀도 굽혀도
손끝에 발등이 닿지 않는
머나먼 나라

누가 두꺼비집을 내려놨나

1
대단히 죄송합니다. 지금 당신이 거신 전화번호는
703국으로 국번만 변경되었습니다.

2
당나라 군사들이 출정했다는
전갈이 왔다. 갑자기
아카시아 나무에서
돼지기름 냄새가 났다.
물론 천 년 전의 일이다.
물론 천 년 전

예 맞습니다. 예, 제가요?

짜장면으로 점심을 때우고
자꾸 흘러내리는
나이를 추켜올리며
사무실로 들어가기 전에 이따금
슬쩍 들러 보는 명동의 화교 소학교에서
몇 살이지? 하고 다가서는 나를 보고

불우물을 패며 달아나는 소녀들은
당나라 군사의 딸 같지는 않다. 불시착한
중공 비행기 같은 건 오히려 나다. 물론
천 년 전의 일이 아니다. 물론

여보세요?
여보세요?
아닌데요, 예, 예
여태라뇨?

3
대단히 죄송합니다. 지금 당신이 거신 전화번호는

기억나세요?
임금님의 귀는 당나귀 귀, 임금님, 오 임금님
마포갈비집 숯불 주위에
삥 둘러앉아 배추벌레처럼
푸성귀와 웃음과 음담패설을
씹으며, 거뭇거뭇하게 익어 가는 갈비를
자, 드시죠

그러나 자살골을 차 넣듯이
출근부에 도장을 찍어 대면서도 나는
끊임없이

안 계신다니까요.
아 글쎄, 그 사람은

왕관을 새로 근엄하게 고쳐 쓰고
퇴근 버스를 타려 할 때
누가 내 어깨를
툭
쳤다. 빗방울이 떨어지고 있었다.

4
대단히 죄송합니다. 지금 당신이

고장이 났나 보다. 오늘은
별들이 켜지지 않는다.
누가 두꺼비집을 내려놨나?
진통제처럼 내리는 빗줄기

약 기운이 촉촉히
온몸을 적신다. 무엇이든지
가볍게 껴안고 이슬처럼
구르고 싶다. 이슬처럼

하룻밤의 몽상에
미래를 모두 소모해 버린 아침
낡은 미래를 딛고 밀려오는
방탕과 피곤
낯익은 안개
비켜
비켜

나는 베개에
얼굴을 묻었다. 베개가
내 강산을 감싸 주었다. 어느새 나는
내 안개의 끝에
맺혀 있었다.

인물화

1
두 다리 덜미 잡힌 방아깨비처럼
온몸을 주억거리며
삼국시대에서 통일신라로
고려에서 코리아로
고무신을 꺾어 신고 달리는
사람을 보았습니까?
쿵 쿵 쿵 쿵
그들이 달리는 시간은
언제나 삼경이고
역사와 역사 사이
사랑과 사랑 사이를
교묘히 빠져나온 그들의 이목구비는
오늘따라 유난히 수려합니다.
무교동에서
영등포에서
비어홀에서

2
또다시 만날 수 있을까?
수초 그늘에서 고개를 처박고 죽은 달

젠장.
바람이 불면 쩍 쩌억 금이 가던데
위험해. 그저 앞만 보고 가라니까
어른어른거리다 사라져 버리는 저 달빛 속으로?

3

06시 40분. 부활하려면 20분이나 남은 시간. 숙면으로 완벽하게 무너진 그 사내의 나이는 그런대로 아직은 쓸 만합니다. 먼지 털고 방수액을 바른 다음, 눈 코 입 귀를 틀어막으면 누가 보더라도 번듯한 항아리 같습니다. 불만과 욕정 또는 소주와 소시민성을 담기에 편리한 자루 같습니다.

07시.
자, 일어나 부활하십시오.
출근을 서두르십시오.

4
지하철을 타고
꾸벅꾸벅
통조림 속 고등어 건데기처럼 꿀렁이면서

후암동

한국 경제사 제4장
한국 경제의 국제화를 읽다가
문득 쳐다보는 창 너머
미 8군 용산 캠프에 근무하는 앰프슨 중사 집
샹드리에를 끄고
붉은 취침 등을 켜는 것은
어느 봉숭아 꽃 물들인 손톱의 끝인가

네가 벗어 놓은 고향 뒷산
달맞이꽃이 피던가
달맞이꽃이 필 때마다
한 꺼풀씩 옷을 벗던
그 산을 기억하는가

5달러씩
10달러씩
밤은 깊어 가고

한국 경제사를 덮고
전등을 끄면

누가 벗어 놓고 떠난 어둠이기에
앰프슨의 집과
후암동 적산 가옥들 넘나들며
남의 식은 잠 위로
몰려오는가 몰려오는가

간접 프리킥

튀김을 먹다가
간장을 엎질렀다. 기울어지던

신라의 삼국 통일은
외세에 힘입은 불완전한
것이었다. 막강한 전력의

브라질 팀이
우리 편 문전을 향해서
간접 프리킥을 차려는 순간
사타구니를 쥐어짜듯 감싸고
일렬횡대로 늘어선

1919. 3. 1.
1945. 8. 15.
1950. 6. 25.
1961. 5. 16.

한 접시의 식어 버린 튀김들
질질 흘러내리는 간장에

주눅이 든 채로
여전히

말갈족

나는 내 양심의 변두리에 사는
말갈족이올시다.
정벌해 주십시오.

어둠을 박차고
북방큰귀박쥐들이 날아오고 있다. 세 마리
다섯 마리
열 마리

말갈족이올시다만
나는 내 양심의 변두리에 사는
원주민이올시다.
정벌해 주십시오.
내 마음 속 무수한 말갈족들을
도대체 나는
그들을 정벌할 수가 없습니다.

어둠을 박차는 소리만
가슴에 자욱하다.

신세계에서

겨울비에 젖으며 동아일보사 앞 건널목을 건너 추적추적 성탄절이 다가왔다 거세당한 남자들이 재형저축 속에서 복리로 부풀어 가는 동안 이미 TV에서 방영해 버린 그림 같은 삶을 천연색으로 걸쳐 입고 사람들은

임신부가 걸어가고 있다
기타 재제주가 가득한
캡틴큐 700ml 큰 병처럼

삼십 년 후
어느 날 그는 신세계 백화점 앞 버스 정류장에 서 있는
만취한 자신을 우연히 만난다
삼십 년을 걸어서
비로소 그곳에서

좌판 위
붉은 사과의 젖은 몸이 한 번 더 젖고
홈통 끝에서
시커먼 빗물이 출출출출 쏟아지는
신세계에서

팝콘

1
종일토록 무지를 경배했다.
GNP가 내 손등에
망치질하고
어둠은 그 손등에
가로등을 세웠다. 서울특별시가
나를 도시계획하지 않은 탓으로
나는 무허가로 술 마시고
가로등에 기대어
무허가로 행복을 부풀리고 있었다.

2
벤취 소녀 팝콘 먹고 있다. 비둘기들 다가
선다. 소녀 팝콘 한 줌 길바닥 뿌린다. 비둘기
들 후다다닥 팝콘 향해 뛰어간다.

그 소녀 베이지 색 스커트 속 어둡다. 소녀
일어선다. 다리 사이 어둠 흘러내린다. 비
둘기들 비켜선다. 소녀 나 돌아본다. 두 눈동
자 비상등 켜 있는 복도 끝 같다.

누전되듯 소녀 비상등 속으로 사라진다.

비둘기들 나 향해 미친 척 모여든다. 나 팝콘이 없다. 나는 팝콘이다. 자, 먹어라. 비둘기들 주억거리며

이반 데니소비치의 하루

23시 45분 : 앉았다. 식빵을 커피에 적셔서 빨아 먹는

25시 26분 : 비가 온다. 아주 많은 비가 아주 큰 밤을 적시고 있다. 비의

26시 34분 : 개고기가 먹고 싶다

29시 51분 : 나의 모든 것을 내가 아닌 모든 것에게 되돌려 주고 싶다. 나의 모든 것이란 내가 아닌 모든 것들이 내게 준 그것이다. 네온 사인으로 만든 십자가처럼 확실하게

45시 86분 : 최순호가 쓰러진다. 게임이 잠시 중단된다. 최순호가 일어난다. 재개된다. 이제 고작 3분 정도 남은 시간을 허겁지겁

98시 421분 : 확신이 날 찾아왔다. 나는 그를 달래서 돌려보낸다. 다시는 날 찾지 마라 알겠니?

388시 914분 : 하품을 하다. 하품도 내게는 아픔이다.
삶을 너무 과식했나 보다. 배탈이 날 것
같다. 해탈도 내게는 배탈이다. 과식이

489시 973분 : 기어가고 있다. 숨 죽이고 있는 나는 그
가 휘둘러보는 한 폭의 인물화다. 들고
있던 사상(思想)으로 내려친다. 바퀴벌레
의 흰 내장이 바퀴벌레의 왼쪽 옆구리 밖
으로 삐져나온다. 다리처럼 사상(思想)을
잘게 끓이며. 나는 시효가 지나 버린 연
극 초대권이다.

617시 5245분 : 그렇지 않았다면
무엇이
시작이나 될 수 있었겠는가?

999시 9996분 : 방바닥에서
999시 9997분 : 침으로 담뱃재를 찍어 들고
999시 9998분 : 조심스레
999시 9999분 : 재떨이 앞으로 기어가며 나는

라면은 퉁퉁

우리 관군이 육전에서 패배를 거듭하고
있는 동안 해전에서는
이순신 장군이 연전연승 일본 함대를 격멸시켜

전세를 역전시키고 있었다. 4번 타자
김봉연이 타석에 들어서자
관중들은 함성을 지르며

묵묵히 걸어 나갔다. 최루탄 가스에도
아랑곳하지 않고
자유로운 삶을 위해서 그들은

콘돔이나 좌약식 피임약을
상용하였으므로 대부분의 아이들이
외동아들이거나 외동딸이었음에도

불구하고 라면은 퉁퉁
불어 있었다. 정확히 물을 3컵 반
재어서 부어 넣었는데, 어떻게, 면발이 퉁퉁

정월

이쑤시개 같은 내 나이에도
성에가 끼기 시작했다 면도칼로 성에를
긁어 내다 유리창에 박혀 웃고 있는
미이라 같은 내 몰골이
보인다 복도에는 야근을 마친 직원들
수군거리는 소리 멀리 중앙 우체국
대형 현수막 불불불 불조심이 미친 듯이
펄럭이고 오전에 마시다 남은
빙그레 우유에 흰 앙금 같은 자본주의가
떠 있다 정월이 재떨이에서 가장 쓸 만한 나를
집어 물고 불을 댕긴다 불을 댕긴다 타들어 가던
나의 주민등록번호가
월간 조선 대통령 선거 특집 기사 위로
툭툭 떨어지고
속살 떨어져 나간 홍합들
간이주점 탁자 밑 패총 같은 내 발등 위에

동치미 국물

1
새들 날아가누나
다리 오므리고
심장 쫙 펴고

나무도 없고
숲도 없는 허공 속으로
눈 찔끔 감고

날아가는 저 새
풍경을 엎지르며
부득부득 저어 가는 저 맹목

2
구두 주주걱 같은 나의 일과가
양말을 신은 채 마만취되어 쓰러져 잠든다
자잡념들이 달려들어 내 젖을 **빠빨아** 대고
크레졸 같은 빗소리 아아아아 나는
돌아눕는다 온몸의 저적혈구들이 출렁
한쪽으로 쏠린다

벼병균이 먹고 싶다

새벽 4시, 바다 같은 양변기를 끌어안고
구토하다 맑은 수면에 안면이, 밥알과
위액이 둥둥 돛단배처럼 떠서 흐르다

3
어디로 가는 중일까? 동치미 국물을 뜰 때
수저 넘어 주루루 쏟아져 내리는 동치미 국물처럼
내가 네 앞을 스쳐 지나간다 해도 너는 내가
동치미 국물인지 알아보겠느냐? 문명이, 시대가
한 국자씩 나를 떠 마실 때마다
나는 국자의 밑바닥을 핥았다
국자여, 나의 혀를 방문해 다오

色色

헐렁이는구두뒤축에서
꾸역꾸역날아오른나비들과함께
날개접고
일박하는여관잠

色色
色色

머리맡에
콘돔과주전자와
두루마리화장지가있는
색즉시공(色卽是空)
의입구

청계천 6가

동대문 시장 좌판에
춘화 같은 육신 쭈그리고 앉아
큰골 작은골 소주로 적셔 가며
스펀지 같은 세상으로
하산하는 기분으로

연애하고 가요
아저씨, 예쁜 아가씨 있어

고개 숙이고
청계천 6가 뒷골목을 지나가는
고개 숙인
이개
하위지
유성원
유응부
성삼문
박팽년

내가 국산 빤쓸 입고 살아가는 나라의
뒷골목

낮은 곳에서 더욱 낮은 곳으로

1
텔렉스실에는 밤새 외신이 착착 쌓이고
지하철 공사장에서는 발파작업이 한창이었다.
폭발음이 들릴 때마다
지하에서 은성할 화사한 육신을 뒤척이는
그 낡은 도시의 주민들은
주름지고 갈라진 꿈을 바투 여몄다.
(바웬사의 마을에 함박눈이 내렸음. 평화 유지군에게 레바논 시아파 육탄 공격 위협.)
인공위성이 바라보는 지구는
조그만
한 장의 디스크.

경대 위에 올려놓은 잠든 어머니의 틀니가
전깃불에 반짝이며 크로마뇽인처럼
웃고 있는 곁에서
나는 비발디의 사계를 듣고 있었다.

기원전 몇 세기를 지나는 중일까?

2
어머니의 가슴속에서 돋아난 백발들이
한 여인의 일생을 무성히 덮고 있는
눈 내린 겨울 숲에서
기원전
나를 잉태했던 겨울과 나는 만났다.

잔뜩 겁먹은 눈송이들이
기웃거리며
머뭇거리며 내리는 마을
폐허가 된 천국에서
나는 히죽히죽한 즐거움으로 사는
들쥐였다. 수녀원에 들어간 누이가
박쥐처럼 날아다니는 어머니의 가슴은
엽서 한 장만 하게 늘 접혀 있었다. 그 하늘의 밋밋함
삭을 대로 삭은 요람에서
경마장을 배회하며
구겨 버린 마권으로 뒹굴던 어느 겨울
비닐 하우스에서 재배한 탐스러운
장미 한 다발의 값으로

잠시 빌린 싱싱했던 그 여인은
깨진 유리창과 철사로 얼기설기 엮은 날개로
무정란인 나를 부화시키려 애를 썼으나

계절은 겨울에서 겨울로 이어지고
줄기마저 없는 다알리아 구근처럼
나는 지하에서 굵어만 갔다.

3
이 땅의 모든 아궁이가 일제히
영하의 시린 구들장 밑으로
불꽃과 아황산가스를 들이미는 도시에서
발 빠른 양서류들과 함께
지하에서 지하로 잠자리를 옮겨 가던 나에게
떡갈나무 친구로부터
비에 젖은 잎사귀 하나가 날아왔었다.
이따금 꿈속으로
맑은 하늘에서 빗방울이 툭 툭 떨어진다고
공장이 먼저 씹고 뱉어 버린
밤공기를 씹어 가며 씹어 가며

낮은 곳에서
더욱 낮은 곳으로
젖은 손으로 나를 감아올리고 있었다.

난중일기 1

1
영남 우수사의 통첩에 「왜선 90여 척이 와서 부산 앞 절영도에 대었다」하였고, 이와 동시에 또 수사의 공문서가 왔는데, 「왜선 350여 척이 벌써 부산포 건너편에 대었다」고 하였기로 즉시

2
나는 태어났다.
1957년 10월 9일

3
맑음. 적선 8척이 뜻밖에 들어오니 겁을 먹고 경상수사가 달아나려고 했다. 나는 꼼짝 않고 있다가 각지기를 흔들며 뒤쫓으니 적선은 물러가고

여름휴가가 시작되었다. 수원을 지나고
평택을 지나 남으로 남으로
고속버스가 (그래, 중금속 액체 같은 나를
누군가 시험 삼아 흔들어 대고 있었구나!)
천안을 고속으로 지날 때

어둠은 벌써 천안을 앞질러 와 있었다.

이윽고 혼선이 된 해안선과 나
게들이 잽싸게 게 구멍으로 숨어 버린 빈 바다
그 거대한 부동산 앞에서
나는 스피아민트 껌을 씹으며

4

지휘에 응하지 않고 적의 변고도 보고하지 않은 죄로 매를 때렸다. 따로 날쌘 장수를 선정하여 적을 무찌르게 했다. 최루탄 가스 자욱한 명동성당 언덕 위로 방독면을 쓴 전경들 우르르르 달려간다.

저 입 안 얼마나 텁텁할까

5

럭키 칫솔 구백 원짜리를 사고 오천 원권을 내면서, 문득, 내 엄지손가락에 가려진 율곡 이이 선생을 발견합니다. 이이(1536-1584), 오천 원권의 정교함, 수염과 미소와 한복이 가히 사대부다운, 바마0070982나 번을 부여받고 한국은행 총재 직인까지 쾅 찍힌, 조선 시대 때 공부 깨나 했던 사람, 이런 분석 취미에 끌려서 나는 기웃거리고, 기웃거림 당하고, 나는 기웃거리기를 포기하고, 기웃거림 당하기를 포기하고

    작은 냄비에
    잔뜩 졸여진 갈치처럼
    졸고 있을 때

6
바다에 빠져 있는 것을 굽어보더니
붉은 비단 옷을 입은 작자가 바로
적장 마다시라고 말했다. 내가 김돌손을 시켜
갈고리로 낚아 올린즉 준사가 좋아 날뛰면서
「그래 마다시다」 하고 말하므로 곧 명령하여
토막토막 자르게 하니

헉헉헉헉 길이 흐른다 남산 순환도로를 따라 달리는
내 아가리가 늑대처럼 헉헉헉
벚꽃 향기를 마신다 나이키 운동화 끈이

풀어져서 잠시 나뭇등걸에 기대어
헉헉 서울을 굽어보며 끈을
바싹 조여 맨다 헉헉헉헉헉

난중일기 2

까닭 없이 모였다가
뿔뿔이 흩어진다
줄지어 기다리다가
졸지에 또 사라져 버린다

내가 사는 거리에서
나는 달려들고
나는 실려 가 어딘가에 버려진다

내가 없는 그곳에
사랑이 범람하고
평화가 폭발하고
오징어가 풍년이라 한들

그대가 사는 거리는
기어코 사랑만 남고
기어코 평화만 남고 오징어만 남고
그대도 실려 와 내 곁에 버려진다

난중일기 3

 단풍은 벌써 사위었더군요. 찬물에 살 적시는 피라미 떼들도 갈빛으로 익어 있더군요. 물결 또한 자고 있더군요.

산과 산이 마주 보며
헐벗은
서로의 나이를 묻고 있더군요.

떨어진 낙엽 위로
한 잎 두 잎 쌓이던 햇살들
그들이 스산한 바람에 쫓겨
계곡을 헤맬 때

 잔물결이 일고 있더군요. 피라미 떼들도 한 자락 두 자락 물살 저으며 사라지고 있더군요.

난중일기 4

1
고개 위에서 바라본 미아리 고개는
내리막길이고
고개 아래서 바라본 미아리 고개는
오르막길이다.

오르막길을 내려간 네 명의 여자
故 황진이
故 마릴린 몬로
故 백수광부의 처
故 유관순 누나

조심하자, 갑자기 세상이 두려워지지 않을 때
우리 서로 이름을 불러 주자.

2
당신한테선 그년 냄새가 난다니까. 얼씨구
고맙군 그래. 이혼? 누구 맘대루, 못 해.
죽어두 못 해

3
나는 뱃전에 서서 친히 안위를 불러 말하기를, 「네가 군법에 죽고 싶으냐」하고 다시 불러 「안위야, 군법에 죽으려느냐. 물러가면 살듯 싶으냐」했더니, 안위가 황급히 곧바로 들어 싸우려 할 때

4
나는 기어 나왔다
금강 구두를 신고
사자표 와이셔츠를 입고

나는 기어 나왔다
벽을 넘어
아우성의 발등을 밟으며
아우성치며

나는 기어 나왔다
기어 나가야 하는 곳으로부터
비집고 들어가야 하는 곳을 향하여

5
비 오듯
화살을 쏘아붙이니 화살에 맞아 죽은 자가
얼마인지 알 수 없었다.

왜장 머리는 일곱 개를 베었고
남은 놈들은

6

> 출입금지
> 이 지역은 군사작전구역이므로
> 민간인 출입을 금함.
> 제8276부대장

7
시(詩)란 그런 것이다. 아무리 (~이다)
라고 힘주어 말해도 그 확언의 무게는
(~라고 생각한다)로 감량되고 마는
것이다. 은유, 직유, 환유, 제유 등과

활, 갑옷, 투구,
전통, 환도 등도 깨어지고 헐어서
볼꼴 없이 된 것이 많았으므로
색리와 궁장 감고 들을 처벌했다.

8
남자가 여자의 따귀를 갈긴다. 다른 행위들은
더 과격하다. 쉽게 끝날 것 같지가 않다.

난중일기 5

흰 두루미 떼가 날자
강물에는 새 떼의 그림자가
무겁게 내려앉는구나
한강이여
나는 오늘도 나를 속였거늘
아무도 나의 이 쓸쓸함을
죄인이라 불러 주지 않았다

한강이여
그대는 나의 유다다

그러나 저주할 수는 없어라
내가 나를 유혹하여
혼탁하게 넘나드는 출퇴근길
잠수교를 오가는 동안만은
그 누구도 저주할 수가 없어라

한강이여
함께 흐르는 그대는
나의 유다다

난중일기 6

1
삶은, 이스트를 넣은 빵과 같다.
나의 시(詩)는 빵을 넣은 언어다.

2
너무 길구나. 손톱깎이를 찾는다. 손톱을
깎는다. 손톱이 짧아져 간다. 줄로 손톱 끝을
다듬는다. 손톱깎이를 접어서 서랍에 넣는다.
서랍 속에서 이 년 전에 사용하던 수첩을 꺼내
뒤적이며 소원해진 사람들의 이름과 주소를
읽어 본다. 이 년 전과 다름없이

3
한 마리의 새는 외롭다.

두 마리의 새는 둘이다.

마주 보고 있는
두 마리의 새는 하나다.

마주 보고 있는
한 무리의 새는
서로가 무서워하는
두 무리의 새다.

4
비. 새벽녘에 앉아 꿈을 생각하여 보니
처음에는 나쁜 것 같았으나
도리어 좋은 것이었다.

5
그렇다고 칩시다.

것과 같은 것이다

　누군가집권하고있는나라에서그는무좀걸린발가락사이에 가루약을뿌리고양말을갈아신는다.대변을보고나면따뜻한물 로치질을맛사지하며늘그랬듯이그는수치감을항문으로느낀 다.그를지배하고있는병들이바로그자신의일부이듯이

　저 씹할 년이 껌을 쩍쩍 씹으며 먼저

　내려갔다.삼별초의지휘관배중손은반란을일으킨후군졸 들을이끌고진도로내려가투철한항몽정신으로

　그녀는 세 명의 남자와 정을 통하고

　있다.그것은중요한것이다.있었던것,그것도중요한것이 다.그러나있을수있는것,그것이중요한

　것이다. 그것은 마치 손이 닿는 대로
없는 과일들을
그러나 잘 익은 과일들을
하나씩 따 내는 것과 같은 것이다.

방정식

낯설음을 지나
우리는 사랑을 했다
엉킨 다리를 풀었다

우리는 어느 날 아이를 가졌다
우리는 어느 날 아이를 지웠다
머플러로 얼굴을 가리고
숙인 얼굴로 눈발을 가리고
표정으로 이야기의 얼굴을 가리고
15시에 들어가서
전신마취가 풀린 19시까지

우리는 방정식을 풀었다

파장

짝짝이와 실로폰 탬버린 들을
주섬주섬 챙겼다.
활짝 펴 보였던
한 아름의 동요들은
돌돌 말아서 가방에 넣고
유치원 소풍은
파장했다.

아이들이 떠난 자리에
패랭이꽃이 두엇
마주 보며
발을 구르고 있었다.
풀밭이 무섭다고 무섭다고

저 끝에서
어스름이 풀밭을 말아 오고 있었다.

유리 동물원

오리털 파카 걸 만한 곳을 골라
시멘트 못을 박는다
힘차게 못질할수록
강하게 튕겨 나오는 못
손바닥으로 벽을 탁탁 쳐 본다
탁탁 소리가 튕겨져 나온다

나는 빌어먹을 파카를 내팽개치고
망치를 공구함에 집어던진다
벽을 두드리던 망치의 맹렬함과 무능함도
공구함 속에서는 한층 망치답다

책꽂이에 꽂혀 있는 책들도
시계 속에 있는 시간도
그곳에 있을 때 그것다워 보이는데
초침 소리가
철컥철컥 무거운 열쇠 꾸러미를 흔들며
시계 밖으로 걸어 나온다
이 방 안에 살아 있는 동물이라고는
나밖에 없는데

공구함에서 망치를 꺼내 들고
벽면으로 다가가
포효를 하듯이 망치질을 벌인다
열 번 내려치면
열 번 튀어 오르지만
또 열 번 내려치면
아홉 번만 튀어 오르는 시멘트 못과 함께
내 가슴속에 갇힌 동물과 함께
차디찬 벽과 씨름을 한다

이두박근

서울특별시 용산구 후암동 134-119
최진유 씨 집 담벼락
영화 람보2 선전 벽보.
어제 새장가 든 실베스타 스텔론이
주연인 모양이다. 후암동 가랑비에 젖어
후줄근해져 가는

이두박근
삼두박근

봄봄무슨봄

아—아—입을 크게 벌렸다
자전거 타고 물방울처럼 달렸다
치마 입은 피아노가
목조건물 안에서 빗자루 치켜들고
햇살들을 내쫓고 있었다
뱀딸기 꽃이 쥐오줌풀의 신발을
신어 보고 있었다 고추장처럼 웃는
그녀의 작은 눈을 찍어 먹으며
말뚝에 매어 있는
누런 강아지 앞으로
물방울 타고 신나게 달려 나갔다

속옷

1
눈의 노동이 닿지 않는 하늘은 푸르고 깊습니
다. 동아일보를 빨아먹는 나의 인생에 졸음이
몰려옵니다. 허브큐 사탕을 씹으며, 귀를 후벼
봅니다. 졸음과 사건들이 어울려 소음 속으로
달아납니다. 나는 졸음의 통로? 작은 소리가
한데 모여서 큰 소리가 되고, 컵라면을 다 먹은
진실이 나무젓가락을 버리고 있습니다. 머뭇거
리던 말들이 실내화를 벗고 달려 나옵니다.

2
커피를 마시면 들뜨기 시작해요 카페인 때문이
아니라 스푼과 찻잔이 부딪치는 소리, 김종찬의
토요일은 밤이 좋아를 듣는 기분으로 행복해져요
언니는 자요 자는 얼굴을 보면 좀 불쌍해져서
속옷까지 빨아 주고 싶지만 내일 눈 뜬 얼굴을 보면
분명, 그 생각이 없어질 거예요

3
슈퍼마켓 같은 당신의 한구석에도

감시용 카메라가 설치되어 있는지

고급 양주나
빨랫비누 슬쩍하는 친구들
외로운 사람들

독신

1
체온 39.5°C
재채기 48회
환약 90알
꿀 5숟갈

식은땀이 무진장 난다

체온계와 함께 드러누워
배호의 안개 낀 장충단 공원을
마스터하다

2
콤마처럼 오그라든다

빗소리에
문장이 젖는다

종결되는 것일까

야근

파리 한 마리 날아와
CASIO 전자계산기 위에서
손을 싹싹 빌고 있다

방충망 같은 날개
부르르 떨며

삐뚤삐뚤삐뚤

나의 오른발은 어느새 맨발이다
그녀는 갈색 가죽 바지를 벗는다
나는 왼쪽 양말을
그녀는 브래지어를 벗는다
나는 오른발 가죽을
그녀는 팬티를
나는 어둠을
그녀는 머리칼을 벗어던진다
나는 12·12사태를
그녀의 무표정이 그녀를 버린다
나의 웃음이 성기를 흔든다
흔들리다 TV 국회 청문회 속 국방부 장관과 부딪친다
그녀는 사랑이 왜 이리 아프냐고 그런다
국방부 장관의 안색이 굳어진다
나는 굳은 내 하체의 안색을 푼다
사랑이여
삐뚤삐뚤삐뚤 어디로 가는가

위로 아래로

내려가고 싶다. 빗방울처럼
전투경찰 헬멧 위로
동사무소 새마을운동 깃대 봉 위로
할머니 순대 집 도마 위로

더 내려가고 싶다. 상처 같은
사람들 사이로
그들이 결코 상처가 아니라는 사실 사이로
과거와
미래 사이로

더욱 더 내려가고 싶다. 채송화
뿌리 밑으로
당신의 유방 아래로

있고 없고

이 메추리 알만 한 세상에
헌법이 있고
민법, 상법, 형사소송법
불공정거래방지법이 있고
규정이, 판례가, 사랑이, 시행령이 있고
프로야구가 있고
대학교가 있고
항문이
화장실이 있고
미쓰 코리아가 있고

해마다 부활절은 와서 놀다 가고

헉헉헉

날아가고 있다
무한 천공의 끝에서
무한 천공의 끝으로
헉헉헉 새가 날아가고 있다

날아오고 있다
작은 새가 기웃기웃 날아와
부리를 털고 있다
삼킨 하늘 가볍게 토해 내며
나뭇가지에 앉아
무심히
무한 천공의 한끝을 털고 있다

GNP

GNP로 그녀의 유방을 애무한다 별로
흥분되지 않는 기색이다 서서히
GNP의 43.5%를 그녀의
하복부 쪽으로 가져간다 비로소 그녀는

그녀의 호흡이 거칠어지고 있다
GNP가 상승하고 있다

길

나는 기다리지 않는다

첫눈과
첫사랑을

먼 길을 간다는 생각이 들지 않는다
먼 길을 왔다는 생각으로

나는 기다린다

처마 끝
낙숫물처럼

뱀

뱀의 꼬리는
뱀의 전신이다

뱀은 기어 다닌다
다리가 없어서가 아니라
가슴과
배가 있으므로

나의 전신은 나의 꼬리다

자화상

에프킬라를 뚫고
하루살이 두 마리가
날아들었다 내 넋을 빼 놓는
고호의 화집 위에서
자식들
뒹굴며 교미 중이다

하루치의
일생의

보리밭 같은
고호의 자화상 위에서

목질

1
향희와 함께 이야기했다.
이 과장과 함께 이야기했다.
오규원 시인과 함께 이야기했다.

가로등에게
이야기했다.

2
시금치를 고추장에 살짝 데쳤어요. 시금치가 익는 동안, 소나무들이 새벽안개의 눈을 할퀴었어요. 우는 바람이 아구가 맞지 않는 유리창의 따귀를 갈겨요. 이디오피아도 우나요? 방글라데시는? 콩고는? 파리들 들끓어 눈가에 앉고, 앉았다가 일어서는 파리 입가에 고름이 묻어 있어요. 당신의 눈에도 달빛이 묻어 있어요. 진눈깨비의 어깨에 진눈깨비가 앉아 있어요. 고추장이 시금치 속으로 파고들어 갔어요.

3
오뎅 국물과 함께 이야기했다.

(내 혈관을 쿵쾅거리며 달리는 소주여
좀 조용히 있어 다오)

목질의 의자에 걸터앉아
카바이트 불빛에 걸터앉아

행진

꽃 → 시들다 → 흙 → 김수영 (1921 - 1968) →
연탄불꺼지다 → 진지드세요, 반찬을골고루먹어
라, 네 → 모자를눌러쓰다 → 토큰파는아줌마의
두툼한손 → 루이암스트롱의입술혹은트럼펫소리

꿀벌들은 → 꽃의노동
을모른다 → 고양이가질주한다어둠이사해처럼
갈라진다 → 튀자, 이게아니다, 뒤돌아보지말것
나는인간 → 의가죽
을벗는다 → 노량진수산시장, 소주, 상추, 나비

딩동딩동 → 봉급의일부를떼어노모에게
헌금하다 → 호프프, 시들어가는그녀의저웃음
의보편성 → 원시수렵사회로가는시내버스

10월 4일

1
10월 4일
금잔화가 시들고
가을이 시작됐다. 이제 고양이들은
마음 놓고
지붕 위로 어둠을 끌고 다닐 것이다.

노름과 찢어지는 가난을
연하의 남편은 부끄러워하지 않았다.
죽어라 죽어 이 새끼야
잠든 아이를 때려서 울려 가며
옆집 아주머니는
또 기다리고 있나 보다.
마약 같은 밤

아이는 악을 쓰며 밤새 꽃을 피웠다.

2
저건 양지꽃이로군
봄꽃인 주제에

햇살 따위 아랑곳없이

가을 철둑길 후미진 곳에서
그늘과 범벅이 된 작은 꿈이로군
서부역 고물 기차들 오갈 때마다
온몸을 떨며
기쁘게 흔들며
레일과 레일 사이에 피어
더욱 그럴듯해 보이는
작은 양지꽃이로군

3
이거 좀 드시겠어요?

방문을 열어 보면
금잔화만 한 세상은
어둠 속에 고개를 묻고

난장이가 쏘아 올린 작은 공
―― 풍장 1 패러디

내 불현듯 세상에 나가면,
장관보다 높은 거 있으면
바로 그걸 시켜 다오.
모직으로 위아래 쫙 빼입고
장미희보다 예쁜 여비서와 함께
우리나라 자동차 중에서 제일 좋은
부귀영화형 타고
워커힐에 가서
(눈치 보이면)
홍콩이나 멀리 하와이로
나를 모셔 다오.

비행기 속에서 양다리 앞 좌석에 걸치고
(그게 불편하다 싶으면)
비행기 밖으로 다리 뻗어 가며
해발 일억 피트 상공에서도
세상 굽어보며
트림을 걱 거어억 하게 해 다오.

시인

한 폭의 풍속도였습니다.
들여다보는 사람은
아무도 없었습니다.

아무나 들여다볼 수가 없고
누구나 속해 있는
그런
풍속도였습니다.

풍광의 나날들

꽃은 눈이 없다
꽃은 내 눈을 뜨게 해서
나의 눈으로
자신을 바라본다

내가 낭비해 버린
꽃들
그 풍광의 나날들

꽃들이
무모하게 핀
내 눈을 감긴다

족발

오늘 나는 족발을 뜯었고, 이빨 사이에 낀
어느 돼지의 일생을
성냥개비로 파내고 있을 때
껌 파는 노파들은 소주잔 속으로
할렐루야 할렐루야 뛰어들었다. 한 통에
100원짜리 면죄부를 200원에 파는 그들은
보드라운 흙 같은 저 미소를
언제 되찾은 것일까? 주름살투성이의

라일락 향기가 난다. 당신이
불심검문 걸린 듯한 표정을 지을 때
라일락은 그저 봄을 과식하고 나서
트림을 했을 뿐이다. 당신이

발행하신 6월 29일자 국민은행 가계수표는
부도가 되었습니다. 조속히 입금하시기

바랍니다. 나는 통속소설의 주인공들이
섹스가 끝나면 빨리 옷을 입고 잠들기를
바랍니다. 오늘

나는 족발을 뜯었고
족발은 공복의 내 오장육부를
당당히 걸어 내려갔다.

내게 강 같은 평화

흐르는 강을 붙잡을 수
있는 속도는 강물의 속도다 강물에
떠내려가고 있는 지푸라기는
강을 움켜쥐고 있다

인적이 드문 곳에서
흔적처럼 앉아
지팡이로 땅을 쿡쿡 찌르고 있는
아버지

나라에 임하옵시고

남방 한계선 3

우리는 그곳에서
옷 벗은 여인과
까마귀 울음소리를 밟고 지나갔습니다.

우리는 그곳에서
눈치껏
소주와 겨울나무 그림자를 마셨습니다.

우리는 그곳에서
워리 워리 부르며 함께 놀던
워리를 장작불에 구워 먹었습니다.

우리는 그곳에서

자오선

1
이것이 패랭이꽃이지
(선생님, 꽃의 얼굴에 주름이 잡혔어요)
미소 짓는 아이들 입가에도
어느새 한 송이씩
주름이 잡혀 있었다

저건 연꽃이고
그건 구름이란다
(선생님, 구름도 연못에서 사나요?)
아이들이 한 웅큼씩
구름을 건져 보고 있었다

2
그물을 감아올린 어부의 손에
녹슨 철선 같은 것이 쥐어 있었다
고개를 갸웃거릴 뿐
묵묵히 끊어 보고 있었다
툭툭
끊어지고 있었다

3
셀로판지보다 투명한 하늘에
한 꺼풀의 꿈을 도배하기 위해 떠났던
모스부호들이
풀어진 자오선의 한끝을 거머쥐고
도시의 포충망 속으로
스스로 몸을 던지고 있었다

4
정북에서 정남으로 드리워진
철망 속을
어슬렁어슬렁 떠돌던 구름들이
고즈넉한 밤이면 그 철망에
하나 둘 별을 매어 단다
어디가 안이고
어디가 밖이냐고
흔들며, 보라고

골고다의 언덕

아버지
네가 나를 이 도시에 팔았구나.

등 돌리고 앉아
벽을 향해
늘 단소를 불던

노을 아래
선혈이 낭자한 하늘 아래
단조로 흐르고 있었다.
끊겼다가
어렵게 이어지고 있었다.
삶의 마디마디

이빨 사이 고춧가루 끼어 있을 때
당신은 더욱 빛났고
가난에 박혀 녹슬고 있는 동안

더욱 당당해 보이던 당신
이제는

내리막길도 힘이 드는지
부활도 대수롭지 않다는 듯이

남방 한계선 1

1
눈발이 굵다. 한 편 두 편 끊어지는 국경선.
배후에서 누군가 짧게 수하 몇 마디. 잠시
멈추었던 눈발은 더욱 미친 듯하다.

2
철책에 걸려 있던 달빛들이
일제히
비무장지대로 뛰어내리고 있다.

적이다. 달빛이건 바람이건
어둠을 흔드는 것은

오줌이 마렵다.
12889971
군번이 탱탱하게 부풀어 오른다.

혼수상태로 쓰러져 있던 어둠이
곳곳에서
일어서고 있다.

3
산, 8부 능선
파릇파릇 돋아나는 남방 한계선을 캐어다
몰래 쑥국을 끓여 먹는
벙커 작업.

쑥국 속에서 끓어오르는 4월이여
4월의 산하여
쑥 잎이 돋는 곳은 그 어디라도
푸르디푸른
우리의 남방 한계선이다.

남방 한계선 2

1
매복을 서고 있었다.
안면과 팔뚝에
두려움과 그리움을 바르고
어둠 속에서
어둠을 바라보고 있었다.

전쟁이나 죽음보다
외로움은 더욱 크고
말라 버린 오입담
척 척 철책에 널어 놓으며

2
움켜쥐면 한 줌 흙뿐인
그 선상에서
오리걸음을 걷고
물구나무를 서는 동안
불알 실한 더덕들은
지뢰밭에서도
사통팔달
겁 없이 뿌리를 뻗고 있었다.

나는要

신경질이 절망이 삼강오륜이 어리굴젓이
편두통과저혈압이 청바지가 빌빌놀고먹을
수없는불만이 눈물과민족주의가 라면이
제3세계문학전집이 비틀즈가 나를 필요로
하지만

나는要
지금 당장 신고 나갈
면양말 한 켤레가 필요해요

웬일일까

1
웬일일까, 거미들이 허공중에 집을 짓는 이유는
웬일일까, 까마귀들이 늘 정장을 하는 까닭은
웬일일까, 왜, 쥐들은 나를 미워하는 것일까

달콤한 개똥참외의 슬픔은
왜 노랗게 물드는 것일까

2
바람이 불면
흔들리는 강아지풀 뒤로
흙냄새로 빚은 신작로가 보인다
아주 먼 곳으로부터
휘어져 들어오는

이삭이 이삭을 낳고
야곱이 야곱을 낳고

3
훈민정음 스물여덟 자를 완성했다
세종은 궁중에 정음청을 두고

신숙주
성삼문
박팽년
최항 등과

그물 무늬 비단뱀이
아름드리 밤나무 위에서
내려다보고 있다

4
무서워요. 뜰이고 거리고 간에 질경이들만 즐비해요.
보세요, 툇마루까지 기어 올라오는 저것들. 악착같이

유격수는 쓰러지면서
간신히 몸으로 공을 막아 냈다

5
기차가 달려간다
부욱 뿍 울면서
무슨 일일까

복자수녀회관 입구

성경은 칼이오
사제는 칼을 든 강도이거늘

문학은 칼이오
시인은 칼을 든 사제이거늘

바람은 칼이오
풀잎은 칼을 든 시인이거늘

풀잎이여
복자수녀회관 입구
면회를 기다리던 나의
무심한 구둣발에 짓눌린
누이여

고향의 봄

1
수도꼭지가 GNP를 콸콸 토해 내고 있다. 한강 상류가 고통스러운가 보다. 청평댐에 갇힌 강물이 민물고기들에게 뜯기고 있나 보다. 어느 논바닥에 고인 물이 농약을 마시고 미친 척 농부의 발목을 붙잡고 늘어지나 보다. 거머리들이 암석을 뚫고 들어가나 보다. GNP로 가정표 양말을 빨면서 내가 양희은의 아침이슬을 부르고 있나 보다.

2
대우 로얄 승용차가 후진하면서 틀어 주는
고향의 봄을 들으며
설렁탕 집 문 옆에 바싹 붙어 길을 비키고 있는
저 남자

3
위장이 저린다. 아침에 순두부 국과 콩나물 무침을, 그리고 줄넘기 270회를 먹었을 뿐. 저릴
이유가 없는데 위장이 저리고, 내릴
이유가 없는데 부슬부슬
GNP가

발톱

발톱을 깎았다
깎은 발톱은 버렸다

불통인 가정과 미친 척 통화했다
어머니는 백발의틀니의꾸부정의신경질의 생존자
아버지는 경제적무능력꿈의무중력아무튼무책임한 과식주의자
가정의 발톱을 깎아 주고
구둣솔로 먼지를 털다가
물오리처럼 떠다닌 그들의 일대기가 혁명이었음을
5·16 군사혁명 언저리에서 나를 구겨 신고 태어난
내가 물오리였음을 발견한다

예비역 병장인 나의 한국은행 예비군 대대의
예비역 병장인 나의 혁명은
근로자 증권저축 속에서
탁상일기 위에서
손톱깎이 이빨 사이에서
잘려져 나간다

돌이켜 보면 어제가 나의 혁명이었다
돌이켜 보면 작년이 나의 혁명이었다
흘러가 버린 날들이
좀 긴 듯한 나의 발톱이 혁명이었다

병휴

병휴를 얻어
편도선을 데리고 한가로이 구경하는
봄날의 털보 치킨 센타 앞으로
하늘색 스타킹을 신은 소녀가
목발을 짚으며 걸어갑니다.
짧고 여윈 다리 한쪽은 허공중에서
건들건들
생활이 모자란 듯합니다.

나의 편도선이 그 정경을
끝내 삼키지 못하고
뱉어 냅니다. 눈치 빠른 소녀는
스타킹 같은 하늘 두 켤레를
치킨 센타 앞에 세워 놓고
가격 인상 광고문을 읽는 척합니다.

3월 1일부터 치킨 1인분을 2,500원에서
3,000원으로 인상하겠습니다. 털보 치킨 센타.

잘만 구우면

1인분의 아픔도
2인분 3인분의 아픔으로
불어납니다.

무인도

1
수평선 끝
자유를 훔친 사내

일렁여
수평선이 시작되는
그곳에

2
누가 깃발을 흔들고 있는지

안개 피우다
안개 거두고
신록 흔들다
어둠 깔았다

누가 그곳에

■ 작품 해설 ■

왜곡된 역사와 자아

김주연

1

젊은 신인 장경린의 시는 신선하다. 신선하다는 말은, 문학에 있어서 매우 중요한 뜻을 지닌다. 하늘 아래 무슨 새로운 것이 다시, 또다시 항상 있겠는가. 새로운 것이 있다면 사물을 보는 인간의 눈이 새로워질 수 있다는 것 이외에 아무것도 없을 것이다. 그런 의미에서 장경린의 시는 새롭고 신선하다.

> 흐르는 강을 붙잡을 수
> 있는 속도는 강물의 속도다 강물에
> 떠내려가고 있는 지푸라기는
> 강을 움켜쥐고 있다

인적이 드문 곳에서
    흔적처럼 앉아
    지팡이로 땅을 쿡쿡 찌르고 있는
    아버지

    나라에 임하옵시고

「내게 강 같은 평화」라는 제목의 시 전문이다. 얼마나 신선하냐. 그 강은 우리가 지금까지 읽어 온 시들 속에서의 그 어떤 강과도 다르고, 우리의 일상적 연상력 안에서 포착되는 그 어떤 강과도 또한 다르다. 푸른 강, 흘러가는 강, 우리의 마음을 시원하게 적셔 주는 강이 더 이상 아니다. 이 시에 나타나고 있는 강은, 강물의 속도대로 흘러갈 뿐인 강이며, 떠내려가고 있는 지푸라기 쪽에서 움켜쥐고 있어 보았댔자 그대로 제 속도대로 흘러갈 뿐인 속도의 강이다. 그리하여 그 강은 오직 강 자신만의 강일 뿐, 다른 어떤 것, 예컨대 인간조차 용훼할 수 없는 독자적인 것으로서 독자적인 속도로 홀로 존재할 따름이다. 거기에 끼어들어 보고자 한다는 것은 마치 지푸라기가 강물을 움켜쥐고자 하는 것과도 같이 무의미하다. 이러한 이미지는 이미 장경린의 강이 강렬한 알레고리임을 강하게 암시한다. 그 암시는 시의 두 번째 대목에서 여지없이 현실화된다. "인적이 드문 곳에서/ (중략)/ 아버지"는 대체 무엇인가. 그 알레고리로서의 혐의는 마지막 행 "나라에 임하옵시고"와 관련지어 볼 때 더욱 분명해진다. "나라에 임하옵시고"가 성서적 발상과 연관된다면, 아버지는 신이다. 그렇다면 강물은 역사이며, 지푸라기는 우리 인간들 한 사람 한 사람이 아니겠는가. 이렇게 볼 때 강의 의미와 함께, 이 시의 의미는 놀라운 상징 구조 속에서 밝혀진다. 그 뜻을 풀어 본다면, 역사는 역사 나름대로 흐르고 인간은 거기에 참여하고자 발버둥 치지만 역사의 거센 흐름을 바꾸지 못한다는 의미가 될 것이다. 이어서, 이 시는 기독교에서 역사를 주관, 섭리한다고 하는 하나님, 즉 신이 그 역할을 제대로 하지 못하고 있는 현상, 말하자면 신의 소외에 따른 역사의 왜곡된 구조를 야유한다. 짧은 시에서 일어나고 있는 놀라운 이미지의 발전이 무척 신선하지 않은가.

이 새로운 시인의 세계에는 확실히 거시적인 세계와 미시적인 세계의 절묘한 만남이 들어 있다. 그 만남은 그러나 웃으면서 이루어지는 화평한 조화의 그것이 아닌, 서로 부딪치면서 으스러지는 아픈 만남이다. 어느 한쪽의 엄청난 폭력과 비리에만 시인이 매달려 있다거나, 또는 다른 어느 한쪽의 내밀한 세계에만 시인이 조명을 가한다거나 하는, 기왕의 시에서 흔히 볼 수 있는 현실 파악을 지양하고 있다는 점에서 나의 관심은 큰 눈을 뜨게 된다. 거시적인 세계(역사)와 미시적인 세계(개인)와의 관계가 충돌하는 삶의 현장은, 이를테면 이 시인의 거시적인 주제이다. 그러나 시인으로서 그의 사랑스러운 시선은 우리

삶의 곳곳을 미시적으로 훑고 다닌다.

1) 두 다리 덜미 잡힌 방아깨비처럼
   온몸을 주억거리며
   삼국시대에서 통일신라로
   고려에서 코리아로
   고무신을 꺾어 신고 달리는
   사람을 보았습니까?
   쿵 쿵 쿵 쿵
   그들이 달리는 시간은
   언제나 삼경이고
   역사와 역사 사이
   사랑과 사랑 사이를
   교묘히 빠져나온 그들의 이목구비는
   오늘따라 유난히 수려합니다.
   무교동에서
   영등포에서
   비어홀에서

2) 5달러씩
   10달러씩
   밤은 깊어가고

   한국 경제사를 덮고

전등을 끄면
누가 벗어 놓고 떠난 어둠이기에
앰프슨의 집과
후암동 적산 가옥들 넘나들며
남의 식은 잠 위로
몰려오는가 몰려오는가

3) 튀김을 먹다가
간장을 엎질렀다. 기울어지던

신라의 삼국 통일은
외세에 힘입은 불완전한
것이었다. 막강한 전력의

브라질 팀이
우리 편 문전을 향해서
간접 프리킥을 차려는 순간
사타구니를 쥐어짜듯 감싸고
일렬횡대로 늘어선

1919. 3. 1.
1945. 8. 15.
1950. 6. 25.
1961. 5. 16.

한 접시의 식어 버린 튀김들
질질 흘러내리는 간장에
주눅이 든 채로
여전히

4) 임신부가 걸어가고 있다
기타 재제주가 가득한
캡틴큐 700ml 큰 병처럼

삼십 년 후
어느날 그는 신세계 백화점 앞 버스 정류장에 서 있는
만취한 자신을 우연히 만난다
삼십 년을 걸어서
비로소 그곳에서

좌판 위
붉은 사과의 젖은 몸이 한 번 더 젖고
홈통 끝에서
시커먼 빗물이 출출출출 쏟아지는
신세계에서

5) 이쑤시개 같은 내 나이에도
성에가 끼기 시작했다 면도칼로 성에를
긁어 내다 유리창에 박혀 웃고 있는

미이라 같은 내 몰골이
　　　(중략)
　　　나의 주민등록번호가
　　　월간 조선 대통령 선거 특집 기사 위로
　　　툭툭 떨어지고
　　　속살 떨어져 나간 홍합들
　　　간이주점 탁자 밑 패총 같은 내 발등 위에

시집 앞에 수록된 작품들 가운데에서 몇 편 골라 본 것들인데, 이들은 모두 두 가지의 시적 공간을 교묘하게 결합시키면서, 역사 속의 개인이 겪고 있는 남루한 모습을 구체적으로 형상화시키고 있다. 1)은 「인물화」라는 작품인데, 여기서 이 시대를 살고 있는 한 개인은, 동시에 역사적 개인으로 중복되어 나타난다. 이 시대의 개인, 즉 이 시의 시적 자아는 어떤 구체적 시적 상황 속에서 창조적으로 형성된 자아가 아니다. 그 자아는 일상적으로 만나는 우리들 모두의 모습 중 그 하나인데, "무교동에서/ 영등포에서/ 비어홀에서" 다소간 타락한 일상에 빠져 있다. 이러한 개인이 달리는 시간은 "언제나 삼경"이고 "사랑과 사랑 사이를/ 교묘히 빠져" 다닌다. 오늘의 산업 기술 사회, 비판적 시각에 의해서는 흔히 타락한 자본주의 사회의 왜곡된 풍속으로 지적되는 현실 속에서 감각과 안일에 기초를 두고 살아가는 사람들의 모습이 무섭도록 선연하게 포착되고 있다. 그러나 장경린에 의해서 그 개인은 동시에 "역사와 역사 사이"를 빠져 다니는 자가 되며, "삼국시대에서 통일신라로/ 고려에서 코리아로/ 고무신을 꺾어 신고 달리는" 자가 된다. 하나의 시적 공간 속에서 역사적 공간과 개인적 공간이 함께하는, 절묘한 안티노미적 수법을 이 시인은 자연스럽게 구사하고 있는 것이다. 그리하여 그것들이 더불어 구축하고 있는 이미지는 모순, 왜곡이라는 이미지가 된다. 작품 1)은 따라서 "또다시 만날 수 있을까?/ 수초 그늘에서 고개를 처박고 죽은 달"이라는 놀라운 형상의 획득으로 발전한다. 두말할 나위 없이 오늘의 타락한 역사 속에서 왜곡되어 버린 지난 역사, 혹은 순전한 자연의 비명이 거기서 들린다. 이러한 분석은 2), 3), 4), 5)에서 마찬가지로 행해질 수 있다. 2)의 시「후암동」의 경우 '나'라는 시적 화자가 꼭 집어져 주어로 나와 있지는 않지만, 그 시적 화자에 의해 인식되고 있는 시적 현실은 미군에 의해 대표되고 있는 이른바 대외 예속의 경제구조와 그 속에서 살고 있는 우리들 모습이다. 여기서 인용되지는 않았으나, 이 시의 앞부분은 우리의 전통적 산야에 대한 애정을 기록하고 있는데, 그러한 대비가 앞서 말한 안티노미적 기법의 하나라는 점은 의심할 여지가 없다. 장경린 시에 나오는 이러한 병치 현상은, 그러나 기술적인 배치라는 생경한 느낌을 주지 않고 두 개의 서로 다른 시적 공간이 자연스럽게 어울리면서 모순의 분위기를 빚어내고 있다는 점에 그 우수성이 있다. 3)「간접 프리킥」역시, 외세의 간접적인 간섭을 축

구에서의 간접 프리킥으로 비유하면서, 재미있는, 그러나 뼈아픈 자성의 논리를 시적 공간으로 성공시키고 있다. 여기서 보여지듯이 이 시인의 탁월함은 지극히 추상적인, 다루기에 따라서는 이념적인 주제라고 할 수 있는 문제들을 우리 주변의 일상적 현실에 대한 구체적 묘사를 통해서 관념적 저항 없이 형상화해 낸다는 점에 있다. 그 거시와 미시의 사이에 매개적 사물이 물론 개입하고 있으나, 자세히 읽어 보면 그 사물은 사물 자체보다 사물에 대한 깊은 애정 속에서 우러난 시인의 역사적 상상력이라고 할 수 있다. 말을 바꾸면 시인의 역사적 상상력에 의해 평범한 사물들조차 날카롭게 포착되어 그들은 비유의 기능을 발휘하고 있는 것이다.

「신세계에서」라는 제목의 4)는 역사 속에서 무력한 일상을 살아가는, 또 앞으로도 그렇게 살아갈 수밖에 없는 개인의 모습을 보다 뚜렷하게 비관적으로 그려 낸다. 어떤 절망적 상황 속에서도 전통적으로 희망의 상징 구조를 갖고 있어 온 아이, 혹은 아이를 밴 여자조차 여기서는 절망과 기대가 차단된 존재로 이해된다. 임신부를 가리켜 "기타 재제주가 가득한/ 캡틴큐 700ml 큰 병" 같다고 하고 있을 뿐이다. 생명의 잉태를 시인은 모르고 있는가, 혹은 그 중요성을 모르고 있는가. 그렇지는 않다. 시인 역시 생명과 그 생명의 중요성을 알고 있음에도 불구하고, 바로 그 생명이 역사 속에서 올바른 기능을 행하지 못하고 있음에 절망하고 있는 것이다. 태어날 아이는 다시 몇십 년 후 똑같은 곳에서 비슷한 동작을 반복할 것으로 시인에게 예견되는 것이다. 얼핏 보면 역사적 허무주의를 연상케 하지만, 장경린의 경우 그러한 상황에는 아직 이르지 않고 있다. 「정월」이라는 5)의 시가 이런 의미에서 두루두루 주목될 만하다. 앞의 인용에서 생략된 중간 부분을 보완하면 이렇다.

> 보인다 복도에는 야근을 마친 직원들
> 수군거리는 소리 멀리 중앙 우체국
> 대형 현수막 불불불 불조심이 미친 듯이
> 펄럭이고 오전에 마시다 남은
> 빙그레 우유에 흰 앙금 같은 자본주의가
> 떠 있다 정월이 재떨이에서 가장 쓸 만한 나를
> 집어 물고 불을 댕긴다 불을 댕긴다 타들어 가던

시인 장경린의 시적 재능이 반짝이는 표현들이 군데군데 들어 있는 이 작품에서 특히 재미있는 부분은 첫 부분, "이쑤시개 같은 내 나이에도/ 성에가 끼기 시작했다"는 대목이다. 이쑤시개 같은 나이란, 아직 젊은 나이를 뜻할 것이다. 그러나 시인은 그 나이에도 벌써 성에가 끼기 시작했다고 말한다. 대단히 예민한 시간 의식이다. 역사의 무게와 의미를 의식하고 있는 시인에게 있어서 이러한 시간 의식을 발견할 수 있다는 것은, 어쩌면 이 시인의 성실성을 가장 예민하게 반증해 주는 증거일 수 있다.

그만큼 그는 시간 속의 존재들, 시간에 따라서 변화하는 존재에 대해 예민하다. 그 예민한 안테나에 걸린 소리들은, 야근을 마친 직원들이 복도에서 수군거리는 소리다. 노동과 휴식이 끝나고, 시작되는 소리가 그 소리로서, 자본주의 사회의 냉혹한 메커니즘이 그 속에 숨어 있다. 아닌 게 아니라 시인은 "빙그레 우유에 휜 앙금 같은 자본주의가/ 떠 있다"고 말한다. 나이를 먹어 가면 부유해지고 성숙해지는 것이 아니라, 미이라 같아지고 자본주의를 가리켜 휜 앙금 같다고 보게 된다. 그러한 나이는 발전하는 시간이 아닌, 퇴영하는 시간이다. 이 시간이 쌓인 것이 역사이며, 역사는 따라서 한 개인에게 소망의 지평에서 푸른빛으로 빛나는 그 어떤 것이 아니다. 한 해를 시작하는 첫 달 "정월"이 이렇게 인식되고 있다는 사실은 매우 중요하다.

2

다시 정리한다면, 예민하고도 엄격한 시간 의식은 장경린의 독특한 시적 장점이다. 시적 장점이라는 말을 나는 썼는데, 이것은 시인을 포함하여 우리들 모두 시간 의식이 비교적 덜 철저하다는 자성에서 유래한다. 우리말을 중심으로 한 시간 의식의 박약성 문제는 이 자리에서 세세하게 논의할 계제가 못 되거니와 우리말을 포함하여 우리들의 현실 전반에 시간 의식이 미약하다는 사실은 벌써부터 널리 인정되고 비판되어 온 일이다. 그런 차원에서 볼 때 시간 의식이 철저한 시인을 만나게 되었다는 것은 나로서는 행복한 일이 아닐 수 없다. 그 의식으로 그런데 그는 무엇을 하고 있는가. 시간의식→역사의식→변화의 문제→변화 없음으로 이어지는 미분의 방정식은 아마 그 소득일 것이다.

>낯설음을 지나
>우리는 사랑을 했다
>엉킨 다리를 풀었다
>
>우리는 어느 날 아이를 가졌다
>우리는 어느 날 아이를 지웠다
>머플러로 얼굴을 가리고
>숙인 얼굴로 눈발을 가리고
>표정으로 이야기의 얼굴을 가리고
>15시에 들어가서
>전신마취가 풀린 19시까지
>
>우리는 방정식을 풀었다

「방정식」이라는 작품 전문이다. 복수로 된 시적 자아 '우리'는 방정식을 풀었다. 그러나 풀기는 풀었으되 아무

해답이 없다. 그 방정식은 다리를 엉클어뜨렸다가 도로 풀어 버린 방정식이며, 어느 날 아이를 가졌다가 지워 버린 방정식이기 때문이다. 시간은 필연적으로 모든 것을 변화시키지만, 어떤 일정한 시간적 단위에서 볼 때 그 변화는 결국 아무것도 변화시키지 않은 결과로 유도된다. "15시에 들어가서/ 전신마취가 풀린 19시까지"는 격한 변화가 일어나고 있으나, 그것을 크게 앞뒤로 살펴본다면 도로 제자리에 온 것이 되는 것이다. 시간에 대한 이러한 미분은, 결과적으로 시간을 넘나드는 역사 인식을 가져오면서 그의 역사비판 시를 생산해 낸다. 그 성과가 연작시 「난중일기」다. 1~6으로 되어 있는 이들 연작을 살펴보자.

1) 1

　영남 우수사의 통첩에 「왜선 90여 척이 와서 부산 앞 절영도에 대었다」 하였고, 이와 동시에 또 수사의 공문서가 왔는데, 「왜선 350여 척이 벌써 부산포 건너편에 대었다」고 하였기로 즉시

　2
나는 태어났다.
1957년 10월 9일

2) 까닭 없이 모였다가
　뿔뿔이 흩어진다

줄지어 기다리다가
졸지에 또 사라져 버린다

내가 사는 거리에서
나는 달려들고
나는 실려 가 어딘가에 버려진다

3) 산과 산이 마주 보며
헐벗은
서로의 나이를 묻고 있더군요.

(중략)

잔물결이 일고 있더군요. 피라미 떼들도 한 자락 두 자락 물살 저으며 사라지고 있더군요.

4) 1
고개 위에서 바라본 미아리 고개는
내리막길이고
고개 아래서 바라본 미아리 고개는
오르막길이다.

오르막길을 내려간 네 명의 여자
故 황진이

故 마릴린 몬로
故 백수광부의 처
故 유관순 누나

조심하자, 갑자기 세상이 두려워지지 않을 때
우리 서로 이름을 불러 주자.

7
시(詩)란 그런 것이다. 아무리 (~이다)
라고 힘주어 말해도 그 확언의 무게는
(~라고 생각한다)로 감량되고 마는
것이다. 은유, 직유, 환유, 제유 등과
활, 갑옷, 투구,
전통, 환도 등도 깨어지고 헐어서
볼꼴 없이 된 것이 많았으므로
색리와 궁장 감고 들을 처벌했다.

5) 한강이여
그대는 나의 유다다

그러나 저주할 수는 없어라
내가 나를 유혹하여
혼탁하게 넘나드는 출퇴근길
잠수교를 오가는 동안만은

그 누구도 저주할 수가 없어라

6) 1
삶은, 이스트를 넣은 빵과 같다.
나의 시(詩)는 빵을 넣은 언어다.

2
너무 길구나. 손톱깎이를 찾는다. 손톱을
깎는다. 손톱이 짧아져 간다. 줄로 손톱 끝을
다듬는다. 손톱깎이를 접어서 서랍에 넣는다.
서랍 속에서 이 년 전에 사용하던 수첩을 꺼내
뒤적이며 소원해진 사람들의 이름과 주소를
읽어 본다. 이 년 전과 다름없이

3
한 마리의 새는 외롭다.

두 마리의 새는 둘이다.

마주 보고 있는
두 마리의 새는 하나다.

마주 보고 있는
한 무리의 새는

서로가 무서워하는
두 무리의 새다.

장경린의 시들 가운데에서 결코 좋은 시들만의 모음이라고는 할 수 없는 시들인데, 그러나 분명하게 그의 시 세계를 보여 주고 있는 시들이다. 그 분명함은 이 시인의 역사적 상상력의 본질이라고 할 수 있는 그 어떤 것이다. 「난중일기」의 시적 모티프는 물론 오늘의 현실을 '난중'이라고 생각하는 데에서 오는 것이며, 시인은 그것을 '시적'으로 기록하겠다는 것일 것이다. 그가 '시적'이라고 생각하는 것은, 5)에서 보여지는 것과 같은, 이를테면 "은유, 직유, 환유, 제유" 등등이다. 요컨대 비유의 세계이다. 그런데 시인은 역사 또한 비유를 통해 기록되고 있는 세계라고 생각하고 있는 듯하다. 역시 5)에서 나타나듯 활, 갑옷, 투구, 전통, 환도 등도 깨어지고 헐어서 색리, 궁장, 감고 들이 처벌되었다고 하는데, 이 대목은 온전한 진실의 기록은 불가능하다는 것을 강하게 암시한다. 그렇기 때문에 장경린은 역사의 시간성만을 중시할 뿐, 그 내용에 대한 가치 판단에는 그다지 관심이 없다. 진실 여부가 불명이기 때문이다. 황진이, 마릴린 몬로와 함께 백수광부의 처, 유관순 누나를 같은 범주에 포함시키고 있는 까닭은 이 같은 시각의 차이를 의도적으로 무시하겠다는 것이다. 그러므로 장경린의 역사적 상상력은 역사에 적극적으로 참여한다거나, 그럴 경우 그 참여가 역사를 바꾸어 갈 수 있다는 의지와 연관된 상상력이 아니다. 그 상상력은 다만 과거와 현재를 시간적으로 유추해서 뛰어넘는, 1)에서 보여지듯이 "……하였기로 즉시// 나는 태어났다"는 투의 초시간적, 탈시간적인 그것이다. 이러한 상상력은 일정한 성과와 더불어 몇 가지 한계를 노출시킨다는 점도 사실은 고려되어야 할 것이다. 가장 큰 성과라면, 역사를 시간 밖에서 보다 입체적으로 관찰함으로써 보다 객관적인 인식을 기할 수 있다는 점이다. 그러나 자칫 그와 달리, 역사를 마치 하나의 사물처럼 사물화함으로써 시간의 용적 속에 쌓여 있는 삶의 실체들을 지나치게 단순화할 우려도 없지 않다. 이 같은 한계가 미리 인식되고, 그에 대한 노력이 진지하게 주어진다면 매우 신선하고 독특한, 새로운 시인의 등장으로 우리 시는 보다 풍부해질 것이다.

(필자: 문학평론가)

장경린

1957년 서울에서 태어나
1985년 「허리 운동」 외 6편으로 《문예중앙》 신인상에 당선하여 등단했다.
시집 『사자 도망간다 사자 잡아라』와 『토종닭 연구소』 등이 있다.

누가 두꺼비집을 내려놨나

1판 1쇄 펴냄 1989년 6월 20일
1판 2쇄 펴냄 1990년 3월 10일
개정판 1쇄 찍음 2007년 4월 16일
개정판 1쇄 펴냄 2007년 4월 20일

지은이 장경린
편집인 장은수
발행인 박근섭
펴낸곳 (주) 민음사

출판등록 1966. 5. 19. 제16-490호
서울시 강남구 신사동 506번지 강남출판문화센터 5층 (우)135-887
대표전화 515-2000 / 팩시밀리 515-2007
www.minumsa.com

값 7,000원

ⓒ 장경린, 1989. Printed in Seoul, Korea
ISBN 978-89-374-0547-1 03810